laberinto

La colección Experia ha sido creada por Beniamino Sidoti
Textos: Beniamino Sidoti
Ilustraciones: Roberto Lauciello
Diseño y maquetación: Daniela Rossato
Redacción: Martina Boschi
Búsqueda iconográfica: Claudia Hendel, Elisabetta Marchetti, Beniamino Sidoti

Fotografías:
Archivo Giunti: p. 25b.
Contrasto: © NASA/SPL p. 23c; © SPL pp. 24-25; © Emilio Sere Visual Archives / American Institute of Physics / SPL p. 25a.
Fotolia: © OrpheusXL portada, pp. 3, 7, 48a; © madgooch pp. 5a, 26; © kenishirotie pp. 5c, 36; © pdafernandez pp. 5b, 35; © davetroesh123 pp. 8-9, 45; © zarg404 p. 16; tomislav p. 17; © Dario Lo Presti p. 23a; © auris pp. 23b, 37c, 48b; © Naeblys pp. 27, 34; © Sunshine Pics p. 30; © Timo Darco pp. 30-31; © Graphies.théque pp. 32, 47b; © Ruediger Rau pp. 34-35, 42; © oscar p. 37a; © torsakarin pp. 37b, 39; © mykeyruna p. 38; © kdreams02 p. 40; © Perseomedusa p. 41b; © Steve Morvay p. 43; © Oleksiy Mark/Fotolia p. 47.
Getty: © 2012 AFP pp. 20-21; © roccomontoya p. 22; ©AFP p. 41; © 2010 Marco Secchi pp. 44-45.
Shutterstock: © miha de pp. 28-29.

El editor se declara dispuesto a regularizar los posibles honorarios de aquellas imágenes de las que no ha sido posible rastrear la fuente.

Se recomienda que los experimentos contenidos en este libro se lleven a cabo con la ayuda de un adulto.

Título original: *Costruire un sismografo*
© 2014 Giunti Editore S.p.A. Firenze - Milano
www.giunti.it

Dirección editorial: Juan José Ortega
Traducción: Ana Belén Valverde Elices
© 2017 Ediciones del Laberinto, S. L., para la edición mundial en castellano.

ISBN: 978-84-8483-894-4
Depósito legal: M-3727-2017
EDICIONES DEL LABERINTO, S. L.
www.edicioneslaberinto.es
Impreso en España

Construir un sismógrafo

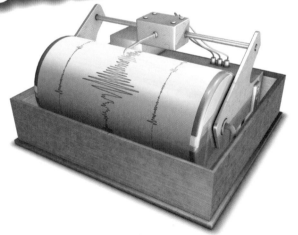

laberinto ciencia

ÍNDICE

EL SISMÓGRAFO PASO A PASO

CONOCER LOS TERREMOTOS

Para empezar...

En estas páginas encontrarás todas las instrucciones necesarias para construir un pequeño sismógrafo casero y un montón de información para entender cómo funciona y para qué sirve este extraordinario instrumento. Para crear tu propio sismógrafo podrás ayudarte, en gran medida, de materiales que se pueden conseguir fácilmente en casa. Debido a que tendrás que utilizar instrumentos puntiagudos y afilados, como palillos y tijeras, recuerda que necesitarás a menudo la ayuda de un adulto. Hazte con el material indicado aquí abajo y... ¡que te diviertas!

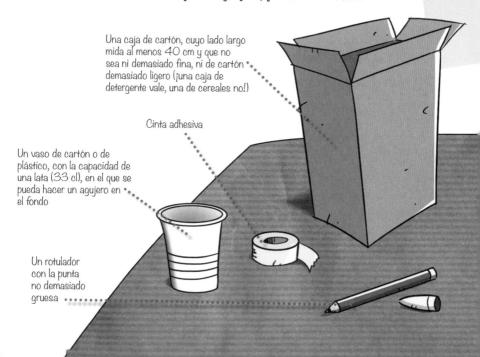

Una caja de cartón, cuyo lado largo mida al menos 40 cm y que no sea ni demasiado fina, ni de cartón demasiado ligero (¡una caja de detergente vale, una de cereales no!)

Cinta adhesiva

Un vaso de cartón o de plástico, con la capacidad de una lata (33 cl), en el que se pueda hacer un agujero en el fondo

Un rotulador con la punta no demasiado gruesa

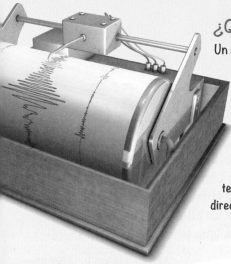

¿QUÉ ES UN SISMÓGRAFO?

Un sismógrafo es un aparato capaz de «capturar» las vibraciones del terreno y trazarlas en un folio de papel, permitiendo de este modo a los científicos valorar su envergadura. Es un instrumento fundamental en el estudio de los terremotos, ya que nos permite ver cuándo se ha detectado un temblor, cuánta fuerza ha tenido y en qué dirección se ha propagado.

Un rollo de papel de calculadora o un rollo de papel de al menos 5 cm de ancho (¡es posible hacerlo en casa fácilmente uniendo varios trozos de papel con celo y luego enrollándolos!)

Algo pesado y menudo (guijarros, moneditas, tuercas...) para rellenar el vaso

Un muelle más bien largo

Un palillo largo que sea más fino que el agujero del rollo de papel

Una goma igual de ancha que la caja (alrededor de 40 cm)

Tijeras

CUANDO USES CUCHILLAS O TIJERAS QUE TI AYUDE SIEMPRE UN ADULTU

Cómo funciona un buen sismógrafo

Siguiendo las instrucciones que encontrarás en las próximas páginas, construirás un sismógrafo sencillo pero que funciona igual que uno de verdad. Los sismógrafos de aguja, que dejan un trazo escrito en el papel, se basan todos en un principio muy sencillo.

Las vibraciones son invisibles, pero se pueden registrar fácilmente. Para ello, necesitamos un objeto (el folio) que se mueva durante el temblor y otro que esté quieto (el rotulador). Imaginaos, por ejemplo, escribiendo y moviendo a la vez el rotulador y el folio... ¿Qué saldría? ¡Una patata seguro!

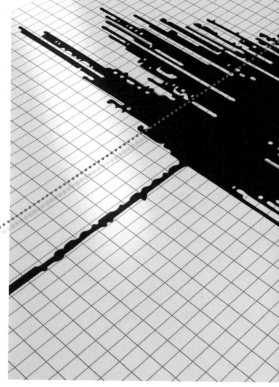

Para captar las vibraciones del terreno necesitaremos un **rotulador** que tendrá que estar inmóvil y un folio que deberá moverse permitiendo que se tracen sobre él las oscilaciones del temblor.

Para mantener el rotulador inmóvil tendremos que fijarlo a un **péndulo,** anclándolo con un peso.

Por último, para hacer funcionar el sismógrafo, necesitaremos una forma de llevar un registro del tiempo transcurrido: deslizaremos el **papel** a un ritmo regular. Por ejemplo, si cada diez segundos el folio se desliza diez centímetros, sabremos que cada centímetro del folio corresponde a un segundo.

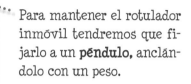

EL ROTULADOR PARECE QUE SE MUEVE, ¡PERO ES LA ÚNICA COSA QUE ESTÁ QUIETA!

1ᵉʳ paso: la caja

1 Coge la caja y elige un lado para cortar. Lo primero es hacer un agujero grande, dejando un marco de unos 4 cm de espesor.

2 Después de colocar la caja en posición horizontal, con la punta de un bolígrafo o con un destornillador, haz un pequeño orificio en el centro de la caja por arriba, uno en el centro del lado izquierdo y otro en el centro del lado derecho.

3 Ahora tienes que sujetar el palillo alrededor del cual girará el rollo de papel en el interior de la caja. Para ello haz dos orificios en la esquina inferior derecha, uno en el marco y otro en el interior de la caja, como se muestra en la figura de la izquierda. Después introduce el palillo atravesando el cartón y asegurándote de que salga por ambos lados. En el lado opuesto realiza un pequeño corte, apenas un poco más ancho que el rollo de papel.

4 A continuación, coge el rollo de papel y colócalo en su sitio. Si estás usando un rollo de calculadora, fíjate en el agujero que hay en el centro y pasa el palillo por ahí, como si fuera un rollo de papel higiénico alrededor del portarrollos.

Si en cambio has hecho tú mismo el rollo de papel, pega un extremo alrededor del palillo, ayudándote de un trozo de cinta adhesiva. Para terminar, saca el papel por la ranura que has hecho hace un rato.

EN ESTE ROLLO DE PAPEL TU SISMÓGRAFO DEJARÁ RASTRO DE LAS VIBRACIONES. EN LAS PÁGINAS SIGUIENTES VEREMOS CÓMO CONSTRUIR LA PIEZA QUE NECESITAMOS PARA ESCRIBIR SOBRE LA TIRA DE PAPEL.

2° paso: el rotulador

1 Introduce el rotulador en el muelle y fíjalo bien con cinta adhesiva.

2 Utiliza un vaso de papel o de plástico, resistente, de aproximadamente 33 cl de capacidad. Haz un orificio en el fondo del vaso (en el centro) e introduce el rotulador, con la punta hacia abajo, hasta que sobresalga una pequeña parte, asegurándote de que se mantenga firme y no se deslice hacia abajo.

3 Rellena el vaso con algo pequeño pero pesado: gravilla, guijarros, canicas, tuercas, tornillos... siempre que pese y mantenga sujeto el rotulador en el centro. Si el fondo del vaso parece deteriorarse, refuérzalo con cinta adhesiva.

4 Destapa el rotulador. Cuelga el vaso dentro de la caja de modo que la punta roce el fondo de la misma.

Si te da la impresión de que el peso del vaso debilita la estructura de la caja, refuérzala con la cinta adhesiva y otros trozos de cartón.

5 Sostén el vaso con una goma (debe estar más bien tenso), fíjalo a los dos lados de la caja con un pequeño nudo y detenlo con un palito como en el dibujo inferior.

EL SISMÓGRAFO ESTÁ LISTO PARA SER PROBADO. AL DAR LA VUELTA A LA CAJA, TODAS LAS PIEZAS NECESARIAS PARA HACERLO FUNCIONAR QUEDAN ESCONDIDAS: PERO TÚ YA SABES LO QUE HAY DENTRO DE UN SISMÓGRAFO.

3er paso: la prueba

1 Apoya tu sismógrafo sobre una mesa. Comprueba que la punta del rotulador (destapado) toque el rollo sin apoyarse. Si está demasiado lejos o demasiado cerca del papel, ajusta su posición.

2 Tira despacio del papel, con velocidad regular, sin golpear la mesa. Deberías haber trazado una línea recta: es lo que hace un sismógrafo cuando no hay temblores.

3 ¿Qué crees que sucedería si mientras mueves el papel golpeas la mesa? ¿Y si la sacudes? Intenta hacer alguna hipótesis.

4 Pide ayuda a un amigo: uno de vosotros tirará del papel lentamente y de manera constante, mientras el otro, el «terremotista», sacudirá la mesa en la que se encuentra el sismógrafo. Moved la mesa durante 5 segundos sin dejar de deslizar el papel, luego parad pero seguid tirando del folio.

¿QUÉ SE HA MOVIDO? ¿QUÉ SE HA QUEDADO QUIETO?

5 Ahora observad el trazado: la línea ha pasado de ser recta a ser ondulada e irregular. Lo que habéis dibujado es el sismograma, es decir, el retrato del temblor que habéis provocado.

6 Intentad ahora, de nuevo en pareja, inventar otras vibraciones que poder registrar. ¿Qué pasa si uno salta sobre el suelo mientras el otro pone en marcha el sismógrafo? ¿Y si el sismógrafo se pone en funcionamiento encima de una lavadora en marcha? En ausencia de terremotos, inventad o intentad imaginar otras formas de hacer vibrar vuestra máquina.

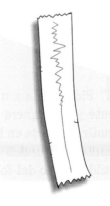

Cómo se lee un sismograma

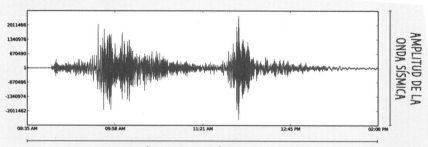

DURACIÓN DE LA ONDA SÍSMICA

ESCRIBIR UN SISMOGRAMA ES FÁCIL, ¡SOLO TIENES QUE SALTAR!

El sismograma es un gráfico y como muchos gráficos se lee en dos direcciones, es decir, en horizontal y en vertical. Piensa en cómo has realizado tu sismograma, deslizando el rollo de papel a velocidad constante. La distancia horizontal en un sismograma indica un intervalo de tiempo, es decir, la **duración** de la onda o temblor.

Ahora mira cómo se mueve en vertical tu trazado recordando lo que has hecho para realizarlo. Cuanto más has movido la mesa, más se ha movido el rotulador de un lado a otro: la distancia vertical en un sismograma indica la **amplitud** de una onda, o lo que es lo mismo, su potencia. Hay que tener en cuenta siempre el pico más alto.

EL CÁLCULO DE LA MAGNITUD

En todos los terremotos hay temblores que llegan primero y otros en segundo lugar. Los llamaremos **P** y **S**. Las ondas salen juntas desde el mismo punto, pero se mueven a velocidades distintas de modo que no llegan a la vez a la superficie. Es más, cuanto mayor camino tienen que recorrer, más aumenta la distancia entre ellas: cuanto más lejanas están entre ellas P y S, más lejano es el origen. La fuerza de un terremoto se mide calculando su **magnitud,** o sea un valor que tiene en cuenta tanto la amplitud del temblor como la distancia del origen.

Con el dibujo de aquí abajo puedes entender fácilmente cómo se mide la potencia del terremoto. En la columna de la derecha se señala la amplitud en milímetros del temblor más fuerte, mientras en la columna de la izquierda se indica la distancia en segundos entre la onda P y S.

El valor de la magnitud se obtiene trazando una línea entre el intervalo de tiempo y la amplitud.

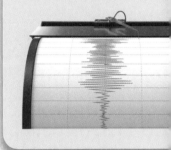

ESCALAS DE REFERENCIA

Los sismogramas profesionales están trazados en papel pautado, de este modo es más fácil entender la duración y la magnitud de un terremoto.

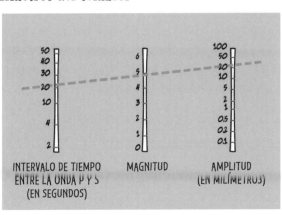

INTERVALO DE TIEMPO ENTRE LA ONDA P Y S (EN SEGUNDOS)   MAGNITUD   AMPLITUD (EN MILÍMETROS)

Cómo mejorar tu sismógrafo

Intenta hacer funcionar tu sismógrafo y toma nota de todo lo que podrías hacer para mejorarlo. ¿Querrías que funcionara solo? ¿Te gustaría que fuera más bonito? ¿O te parece demasiado frágil?

UN INSTRUMENTO AUTÓNOMO

La mayor diferencia entre tu sismógrafo y uno profesional es que el tuyo necesita siempre a alguien que tire del papel, mientras que un sismógrafo eléctrico tiene un pequeño motor que hace avanzar el papel a una velocidad constante. Para mejorar el desplazamiento del papel puedes probar a introducir una manivela que vaya recogiendo el rollo a medida que vaya saliendo, para facilitar el movimiento.

Con la ayuda de un adulto, puedes montar un motorcito que haga girar la manivela, tomándolo prestado de un juguete o de cualquier otra cosa.

¡LO MEJOR EMPIEZA AHORA!

UN BONITO INSTRUMENTO

Si quieres, puedes hacer que tu instrumento sea más bonito cubriéndolo simplemente con papel de aluminio.

Si lo quieres mejorar aún más puedes decorarlo con materiales reciclados. ¿Por qué no intentas construir una antena hecha con pinzas de colores?

UN INSTRUMENTO SÓLIDO

Los sismógrafos profesionales a menudo se fijan con cemento para evitar que se puedan mover o volcar durante una sacudida. ¿Qué puedes usar para que tu instrumento sea más sólido? Una buena idea podría ser fortalecer la base, fijando el sismógrafo a un eje de madera. O bien puedes meter pesos dentro de la caja, en zonas en las que no molesten. ¡Haz alguna prueba para ver cuál es la mejor solución!

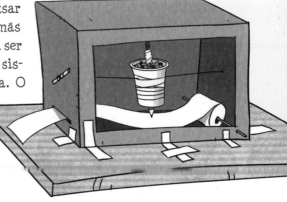

CONOCER LOS TERREMOTOS

10 km

+/-		Count
-	-	6
0.56	-	6
-	-	-

/- 4 km ---.-- +/- 0 k
/- 6 km ---.-- +/- 0 k
fixed ---.-- +/- 0 k

Show Details

A SHZ
A SHZ
A BHZ
A SHZ
A BHZ
A 00 BHZ
MY BHZ
TM BHZ
A BHZ
A SHZ
A SHZ
A SHZ
A BHZ

¿Cómo están hechos los sismógrafos profesionales?

Durante mucho tiempo los sismógrafos han funcionado siguiendo los sencillos principios que has aprendido hasta ahora construyendo tu sismógrafo: algo que se mueve siguiendo el terremoto y algo que permanece quieto, algo para escribir y algo sobre lo que escribir. Los sismógrafos de este tipo se llaman **sismógrafos de aguja,** para indicar la presencia de algo que escribe y para distinguirlos de otros instrumentos electrónicos que detectan las vibraciones.

¿CUÁNDO SE USAN LOS SISMÓGRAFOS?

Además de para el estudio de los terremotos, los sismógrafos se utilizan también para detectar las tensiones que recibe una pintura al fresco, especialmente delicada, o para estudiar los efectos del tráfico en una calle cercana. En resumen, para registrar cualquier tipo de vibración.

SISMÓGRAFOS HORIZONTALES Y VERTICALES

El sismógrafo que hemos construido es un sismógrafo **horizontal.** También existen sismógrafos **verticales,** en los que el rollo de papel y la pluma se colocan simplemente en otra dirección.

AMPLIAR LA SEÑAL

Los sismógrafos profesionales son capaces de percibir y registrar incluso pequeñas vibraciones: para ello amplían la señal, es decir, usan recursos electrónicos o mecánicos de modo que cada temblor llegue más intensamente a la pluma que traza el sismograma.

EL SISMÓGRAFO LUNAR

En el primer viaje a la Luna, en 1969, los astronautas instalaron un sismógrafo para detectar terremotos lunares.

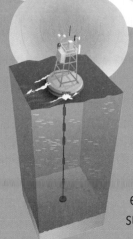

UNA RED DE SISMÓGRAFOS

Existen muchos sismógrafos diseminados por el mundo, algunos en puntos clave, es decir, en lugares en los que los movimientos sísmicos son particularmente frecuentes. Sirven tanto para estudiar mejor los terremotos como para seguir su propagación en tiempo real.

CONOCER LOS TERREMOTOS

Medir los terremotos

El sismógrafo mide las vibraciones: si está resguardado de golpes y sacudidas, las vibraciones que medirá serán las del cuarto o el edificio donde lo hayamos puesto. Puede que mida también las causadas por el paso de un autobús o un camión, pero sobre todo medirá las más importantes y violentas, como las debidas a la sacudida de un terremoto.

¿Pero de qué sirve medir los terremotos? En primer lugar y como otras muchas mediciones, nos sirve para conocer y entender mejor el fenómeno que estamos estudiando. Los sismogramas, es decir los gráficos de los temblores, nos ayudan a entender cuánto ha durado un temblor, cuál ha sido su intensidad, en qué dirección se ha propagado y si al temblor principal se le pueden asociar otros temblores.

EL SISMÓGRAFO MÁS ANTIGUO DEL MUNDO FUE INVENTADO POR EL FILÓSOFO CHINO ZHANG HENG EN EL AÑO 132 D. C.

EL SISMÓGRAFO DE BOLAS

El sismógrafo más antiguo del mundo era un gran jarrón decorado con ocho dragones colocados según los puntos cardinales, cada uno sujetaba una pequeña bolita de bronce entre sus fauces. Debajo de cada dragón se encontraba una rana con la boca abierta. En caso de terremoto, la boca del dragón que daba a la dirección del sismo, dejaba caer la bolita en la boca de la rana. Así se sabía no solo que había habido un terremoto, sino también en qué dirección había sucedido.

LA ESCALA DE RICHTER

Charles Richter (1900-1985) creó, en 1935, una escala para calcular la energía liberada por un terremoto, a través de la medición de los temblores: es la Escala de Richter.

LA ESCALA DE MERCALLI

Giuseppe Mercalli (1850-1914) inventó, en 1902, una escala para medir la intensidad de los terremotos basándose en los daños ocasionados: es la Escala de Mercalli, con la que se describen los efectos destructivos de un terremoto.

¿Qué tiembla bajo tierra?

Para ver si un sismógrafo funciona solo hay que sacudir la mesa sobre la que ha sido instalado… pero en un terremoto, ¿quién hace vibrar el terreno sobre el que estamos instalados nosotros y nuestros edificios? ¿Por qué hay lugares más expuestos a los fenómenos sísmicos? ¿Por qué unos terremotos son más fuertes y otros más débiles?

¿POR QUÉ LOS TERREMOTOS SE PRODUCEN DE REPENTE?

Un terremoto es un hecho repentino por definición: es más parecido al efecto de una bomba que a un impulso continuo. La liberación repentina de energía típica de un terremoto nos hace pensar que bajo tierra algo se está moviendo. Piensa en otras salidas repentinas de energía que conozcas: una rama que se rompe al doblarla lo suficientemente fuerte, una goma que se rompe de repente, un objeto que se choca contra otro haciéndose pedazos…

ALGO SE MUEVE

Los terremotos existen porque el interior de nuestro planeta está sometido a continuos movimientos. La parte más externa de la Tierra se llama **corteza** y es bastante dura. A unos 30 kilómetros de profundidad se encuentra una zona compuesta de rocas más blandas, llamada **astenosfera** o capa del manto terrestre. Esta capa rocosa profunda se comporta como un líquido que fluye lentamente, sobre el que flota la corteza terrestre.

CREENCIAS SÍSMICAS

Durante siglos, los hombres han considerado que los terremotos eran una señal de los dioses, una advertencia o un castigo. En la mitología japonesa, los terremotos estarían causados por Namazu, un enorme pez gato que vive en el lodo, bajo tierra. El dios Kashima lo vigila: pero cuando baja la guardia, Namazu se agita provocando violentos terremotos.

PARTE POR PARTE

¿Qué es lo que se mueve, entonces? Son partes individuales de la corteza, grandes o enormes, que se desplazan sobre la capa más blanda de la astenosfera. Estas partes son las **placas** que tienden a acercarse hasta chocarse o a alejarse hasta hacerse pedazos. Cada colisión y cada rotura liberan una inesperada energía, los terremotos.

La deriva de los continentes

Además de los terremotos, hay otras señales que nos indican que la Tierra está en continuo movimiento. El análisis de los fósiles, por ejemplo, nos dice que hubo un tiempo en el que algunos lugares del mundo, hoy muy lejanos como América del Sur y África, debieron estar cerca, porque estaban habitados por los mismos animales y por las mismas plantas y han sufrido los mismos cambios climáticos. Este movimiento se debe al hecho de que los continentes se asientan sobre grandes placas en las que está dividida la corteza terrestre y sobre ellas se mueven día tras día: es la llamada deriva de los continentes.

ALFRED WEGENER

La idea de que los continentes estén en movimiento se remonta al menos al siglo XVI, pero solo con Alfred Wegener (1880-1930) se convertirá en una teoría: Wegener, geólogo, meteorólogo y explorador alemán, demostró, tras examinar algunos fósiles y los cambios climáticos, que las tierras hoy distantes tuvieron que estar cerca en el pasado.

PANGEA

Hace 300 millones de años todos los continentes estaban unidos en un único gran bloque, que Alfred Wegener, el padre de la teoría de la deriva de los continentes, llamó Pangea («toda la tierra»).

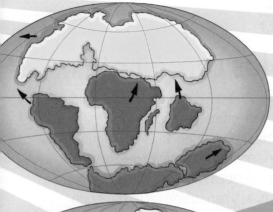

LAURASIA Y GONDWANA

Hace alrededor de 180 millones de años, la Pangea se dividió en dos grandes bloques de tierra, que Wegener bautizó Laurasia y Gondwana.

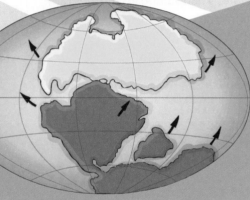

LA INDIA A LA DERIVA

Hace 65 millones de años ya se podían reconocer los perfiles de todos los continentes: América del Sur se tenía que unir aún a América del Norte y desprenderse de la Antártida, y la India se estaba desplazando hacia Asia. Del choque entre la placa india y la asiática nacerá la gran cadena del Himalaya, con las montañas más altas del mundo.

HOY

Este es el mundo como hoy aparece: pero los continentes siguen en constante movimiento.

¿Dónde se producen los terremotos?

Los terremotos tienden a golpear más o menos los mismos lugares, es decir, las zonas donde las placas se chocan o se rompen. Desde hace millones de años, los terremotos se desencadenan en los bordes de las placas, y no en el centro.

TERREMOTOS Y VOLCANES

Además de los terremotos, los bordes de las placas están caracterizados por la presencia de volcanes: la actividad volcánica, al igual que la sísmica, está unida a los movimientos de la corteza terrestre.

La zona con mayor riesgo de sufrir terremotos en América del Norte es California, que se encuentra entre la placa norteamericana y la pacífica.

LAS ERUPCIONES

Los volcanes entran en erupción cuando los movimientos en las profundidades empujan el magma, y este busca la forma de salir a la superficie por la boca del volcán. Muchas erupciones están acompañadas de temblores.

El margen con más actividad sísmica de la gran placa sudamericana es el que coincide con el perfil de la cadena de Los Andes: aquí se han producido algunos de los terremotos más fuertes del mundo, como el que sufrió Chile en 2010. Otra zona más al norte, la que corresponde a la placa del Caribe, está también sujeta a violentos fenómenos sísmicos.

En los márgenes de la placa pacífica surgen algunos de los volcanes más importantes del mundo y la actividad sísmica es aquí bastante relevante.

El mar Mediterráneo está dividido entre dos placas, la africana y la euroasiática. Muchos de los países que lo rodean han estado marcados durante siglos por importantes terremotos.

La zona de mayor peligro sísmico es seguramente Japón, que se encuentra en los márgenes de la gran placa euroasiática.

La fuerza de los terremotos

Todo terremoto se origina por un movimiento que tiene lugar en las profundidades de la Tierra y al que corresponde, repentinamente, una acumulación de energía, que causa desplazamientos subterráneos. La llamada **energía sísmica** provoca la propagación de las **ondas sísmicas.**

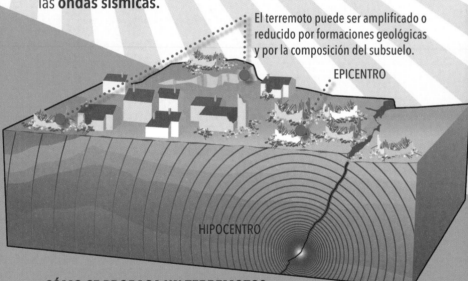

El terremoto puede ser amplificado o reducido por formaciones geológicas y por la composición del subsuelo.

EPICENTRO

HIPOCENTRO

¿CÓMO SE PROPAGA UN TERREMOTO?

Los movimientos se propagan, es decir se desplazan, como en una gran reacción en cadena: todo elemento que sufre un empuje, empuja a su vez a otro, partiendo del centro del origen del terremoto (el **hipocentro**) a todas las direcciones.

Dependiendo del terreno que atraviesen las ondas, la energía sísmica puede atenuarse o ampliarse: hay materiales que absorben las ondas sísmicas, es decir que se desplazan menos, como los fondos arenosos, y otros que en cambio reaccionan oponiéndose, como la arcilla. La fuerza de un terremoto también depende de esto.

MAGNITUD

La magnitud de un terremoto se mide según la escala de Richter. En 1935, cuando se definió por primera vez, la magnitud cero correspondía a la ausencia de vibraciones. Sin embargo, mientras tanto se inventaron sismógrafos más sensibles y los instrumentos de hoy pueden detectar también magnitudes inferiores a aquellas medibles en esa época.

La magnitud no sigue una escala lineal: un terremoto de magnitud 2 no es el doble de fuerte de uno de magnitud 1, sino 30 veces más fuerte. Un terremoto de magnitud 3 es 30 x 30 = 900 veces más fuerte que uno de magnitud 1, y así sucesivamente. En teoría no hay un límite máximo a la fuerza de un terremoto, pero afortunadamente, ¡ninguno ha alcanzado jamás el nivel de magnitud 10 de la escala de Richter!

INTENSIDAD

Un terremoto es más intenso, es decir capaz de causar daños, cuanto más cercanos estemos al origen del seísmo: la intensidad se mide con la escala Mercalli.

MAGNITUD 1

MAGNITUD 2

MAGNITUD 3

CONOCER LOS TERREMOTOS

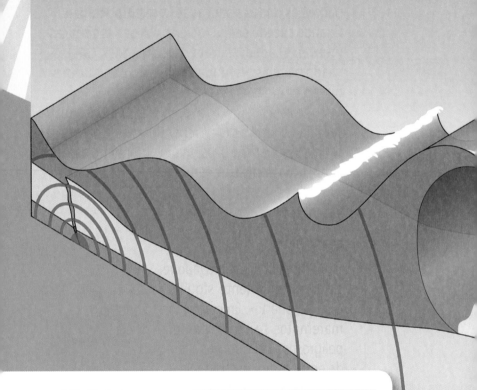

UNA RED GLOBAL

Los sismógrafos más importantes del mundo están en comunicación constante para monitorizar la formación de maremotos y alertar a los países en riesgo con algunas horas de antelación.

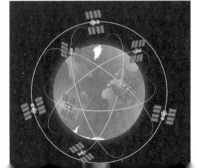

Los maremotos

Un terremoto siempre se origina en una zona más o menos profunda: el punto desde el cual se propagan las ondas sísmicas se llama **hipocentro.**
Cuando sucede en mar abierto, las ondas sísmicas mueven el agua: se trata del maremoto, caracterizado por olas profundas y muy rápidas, que desplazan grandes masas de agua.
Cuando estas llegan a la costa, si el fondo del mar cambia de profundidad repentinamente, pueden subir a la superficie ocasionando grandes olas, tan altas como edificios y sumamente destructivas.

EL TSUNAMI

Tsunami es una palabra japonesa que literalmente significa «ola del puerto». En efecto, los maremotos se convierten en peligrosos y destructivos cuando encuentran un obstáculo o cuando el fondo del mar cambia de repente, como en las proximidades de los puertos.
Desde hace varios años, la palabra tsunami se usa en todas las lenguas del mundo para señalar los maremotos más destructivos.

ZONA DE INUNDACIÓN EN CASO DE TSUNAMI DIRIGIRSE A ZONAS DE SEGURIDAD O LUGARES ALTOS

Cómo reconocer un terremoto

La señal más evidente de un terremoto es el temblor. No es suficiente una simple vibración como la producida por el paso de un autobús o la provocada por alguien que salta sobre el suelo: ¡en caso de terremoto todo lo que nos rodea vibra y se mueve!

¿OYES UN RUIDO SORDO?

¡Los terremotos también se reconocen por el ruido! De hecho, cuando se produce un fuerte terremoto, se puede oír un extraño ruido sordo, debido a los asentamientos del terreno.

¿SE MUEVE LA LÁMPARA?

Mira si las lámparas u otras cosas colgadas empiezan a balancearse: incluso un pequeño temblor es suficiente para hacer mecer una lámpara.

¿CAEN COSAS DE LAS ESTANTERÍAS?

Los terremotos pueden hacer caer los objetos colocados sobre las estanterías o los estantes.

¿LOS EDIFICIOS VIBRAN?

Si mirando alrededor ves edificios balanceándose, no hay duda: ¡es un terremoto!

Qué hacer en caso de terremoto

La sacudida de un terremoto puede durar unos segundos o algo más de un minuto y si es fuerte puede destruir las partes más débiles de un edificio, como las escaleras, los balcones o los ascensores. Durante la primera sacudida es importante buscar refugio bajo algo seguro, que te proteja de la caída de objetos o escombros: bajo una mesa, un escritorio, el cerco de una puerta o un muro de carga.

PASADO EL PRIMER TEMBLOR

Cuando la tierra haya dejado de temblar, abandona el edificio y sal a un lugar abierto. Acuérdate de llevar los zapatos puestos y algo de abrigo encima. Si estás en el colegio sigue las instrucciones de tu profesor.

ABANDONAR EL EDIFICIO

Antes de dejar la casa, sería útil acordarse de apagar la luz y el gas y coger las pocas cosas necesarias en caso de emergencia: una manta o algo para taparse, agua potable, algo de comer y, si es posible, una linterna. De hecho, es muy importante no usar la electricidad después de un terremoto para evitar cortocircuitos.

LOS PLANES DE EMERGENCIA

Todas las ciudades y las construcciones públicas tienen planes para gestionar las emergencias ¡y un terremoto es claramente una emergencia! Un plan de emergencia indica cómo abandonar un edificio y dónde se encuentran los puntos de recogida, es decir, cuáles son los puntos seguros donde reunirse en el exterior y a los que llegarán los primeros auxilios.

Los sismógrafos, instrumentos de conocimiento

Los sismógrafos nos han permitido conocer el interior de nuestro planeta, a través del estudio de la propagación de las ondas sísmicas y de la distribución de los terremotos. El desarrollo de la sismografía ha traído consigo también un mejor conocimiento de las vibraciones y de sus efectos sobre los edificios y ha permitido comprender cómo construir en zonas sísmicas.

LA TORRE INCLINADA DE PISA EMPEZÓ A CONSTRUIRSE EN EL AÑO 1173 Y ES UN FAMOSO EJEMPLO DE ERRORES DE CONSTRUCCIÓN: EL TERRENO SOBRE EL QUE SE ENCUENTRA COMENZÓ A CEDER PRONTO, DEJANDO ENSEGUIDA EL CAMPANARIO DE LA CATEDRAL DE PISA PELIGROSAMENTE INCLINADO. HOY LOS SISMÓGRAFOS REGISTRAN TANTO LOS MOVIMIENTOS DE LA TORRE COMO LAS VIBRACIONES QUE ESTA SUFRE A CAUSA DEL TRÁFICO CIRCUNDANTE.

SIMULADORES DE TERREMOTO

Los científicos han desarrollado unas **mesas vibrantes,** instrumentos específicos capaces de simular un terremoto. Pueden servir tanto para cuestiones didácticas, para mostrar a los visitantes de un museo la intensidad de un temblor, por ejemplo, como para fines técnicos, es decir para poner a prueba la estabilidad de un edificio, usando la maqueta de una construcción.

LEYENDAS Y CREENCIAS

Algunas creencias populares sostienen que un terremoto viene precedido por cambios repentinos en el tiempo y por el nerviosismo de los animales. Pero no hay ninguna conexión científica entre el humor de los animales, el tiempo caluroso y un terremoto en camino.

PLATAFORMAS ANTIVIBRACIONES

En muchos museos modernos, los pedestales que sostienen a las estatuas son capaces de absorber las vibraciones y proteger las obras de arte tanto de terremotos como del deterioro causado por las tensiones debidas al tráfico o a las vibraciones constantes.

Cómo se proyecta un edificio antisísmico

La edificación antisísmica es una parte reciente de la historia de las construcciones. Se ha desarrollado a partir de la observación de los daños causados por los terremotos, pero también de las argucias ideadas en diferentes partes del mundo para resistir a los terremotos.

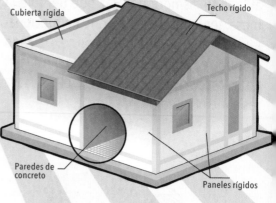

Cubierta rígida

Techo rígido

Paredes de concreto

Paneles rígidos

AISLANTE ANTISÍSMICO

En muchas construcciones modernas los pilares o los elementos de contención están protegidos por aislantes antisísmicos, es decir, están revestidos de material capaz de absorber gran parte de las sacudidas.

La estructura está unida al armazón

Refuerzos triangulares de la estructura

Los elementos de contención están sostenidos por una estructura resistente llamada «armazón»

Armazones verticales y horizontale

Unión entre construcción y cimientos

Semisót

Los armazones están unidos de forma continua

Las aberturas están reforzadas

UNA PRUEBA ANTISÍSMICA

Tú también puedes hacer un sencillo experimento para ver qué resiste más a un terremoto: construye sobre una mesa un edificio con elementos sencillos (con cartas de una baraja, con palitos de helado…), luego pon al lado tu sismógrafo. Haz que tiemble la mesa, teniendo el sismógrafo en funcionamiento. Interrumpe la vibración solo cuando el edificio caiga. Gana quien construya el edificio más resistente, es decir, el que haya resistido al temblor más fuerte.

EDIFICIOS ELÁSTICOS

¡Los edificios antisísmicos más altos están hechos para… temblar! En caso de terremoto se piensa que es mejor tener componentes elásticos, que repiten las vibraciones, en lugar de componentes rígidos que soportan las vibraciones arriesgándose a que se puedan romper.

Frágiles estatuas de ceniza

El artista chino **Zhang Huan** ha pensado en usar las vibraciones causadas por los visitantes al pasar haciéndolas parte de la propia obra de arte. Zhang Huan ha realizado grandes estatuas de ceniza comprimida, extremadamente frágil: cada vez que son visitadas, por el efecto de las vibraciones producidas por nuestros pasos, estas esculturas se desmoronan, hasta deshacerse completamente. La obra de arte está hecha para no durar, pero para dejar huella en el visitante, que se siente involucrado y responsable.

LA GRAN ESTATUA DE CENIZA DE BUDA CREADA POR ZHANG HUAN SE ESTÁ DESHACIENDO POR LAS VIBRACIONES QUE CAUSAN LOS PASOS DE LOS VISITANTES.

LOS SISMÓGRAFOS ARTÍSTICOS

Algunos artistas utilizan las líneas irregulares del sismograma para reproducir los movimientos profundos de la Tierra. Colocadas juntas en un cuadro, estas líneas forman texturas fascinantes.

LA PLATAFORMA SENSIBLE

En Hayward, California, en una de las zonas más sísmicas del mundo (la falla de San Andrés), los científicos han construido una plataforma sísmica especial que es capaz de replicar, instantáneamente, un terremoto observado en cualquier parte del mundo: para ello el aparato está conectado a la red internacional de sismógrafos, y puede reproducir un seísmo haciendo que el visitante sienta también lo que está sucediendo en otros lugares lejanos.

San Andreas Fault

Otros usos del sismógrafo

La medición de las vibraciones no ha sido usada solo para realizar sismógrafos: como a menudo sucede en la ciencia, una invención pensada para un cierto uso, puede terminar siendo aplicada para otro diferente.

LOS SISTEMAS ANTI SHOCK

Muchos ordenadores y casi todos los aparatos electrónicos portátiles tienen en su interior un sismógrafo capaz de advertir las vibraciones causadas por un impacto o una caída. Este dispositivo permite proteger algunos componentes desconectándolos de la corriente.

NO A LAS FOTOS MOVIDAS

Las cámaras fotográficas digitales pueden corregir la vibración producida por la presión del botón con el que se sacan las fotos. El dispositivo interno capta la vibración y la anula para evitar que la imagen salga movida.

EXISTEN APLICACIONES GRATUITAS CAPACES DE TRANSFORMAR EL SMARTPHONE DE TUS PADRES EN UN SISMÓGRAFO PORTÁTIL. PÍDELES PERMISO PARA VISITAR ALGUNA TIENDA DE APLICACIONES EN EL MÓVIL Y BUSCA «SISMÓGRAFO».

LAS ALARMAS

Una vibración imprevista puede significar también que alguien haya roto un cristal o esté intentando entrar por la fuerza. Algunas alarmas funcionan como sismógrafos: midiendo y sintiendo las vibraciones repentinas lanzan una señal.

PARA SEGUIR DESCUBRIENDO...

✔ Juegos

Jenga (de Leslie Scott, Hasbro) y *Villa Paletti* (de Bill Payne, Zoch Verlag). Dos juegos de equilibrio y estrategia para controlar nuestra capacidad para construir estructuras estables.

✔ Web

http://www.ign.es/resources/sismologia/tproximos/prox.html
Web del Instituto Geográfico Nacional, con información sísmica y un visualizador sobre próximos terremotos.

¿HA SIDO DIVERTIDO CONSTRUIR UN SISMÓGRAFO? ¡AHORA TE TOCA A TI! AQUÍ TIENES ALGUNAS IDEAS PARA NUEVOS DESCUBRIMIENTOS.

✔ Museos y exposiciones

El **Museo de los Volcanes** situado en el Parc Nou, en la Torre Castanys en Olot, Girona.
http://www.turismeolot.com/es/descubre-olot/100-natural/museo-de-los-volcanes/

✔ Películas

No llamarme terremoto. Un documental que utiliza un lenguaje narrativo para contar y explicar qué es un terremoto y qué podemos hacer para reducir sus efectos.
http://vimeo.com/24119181 (en italiano, es posible seleccionar los subtítulos en castellano).